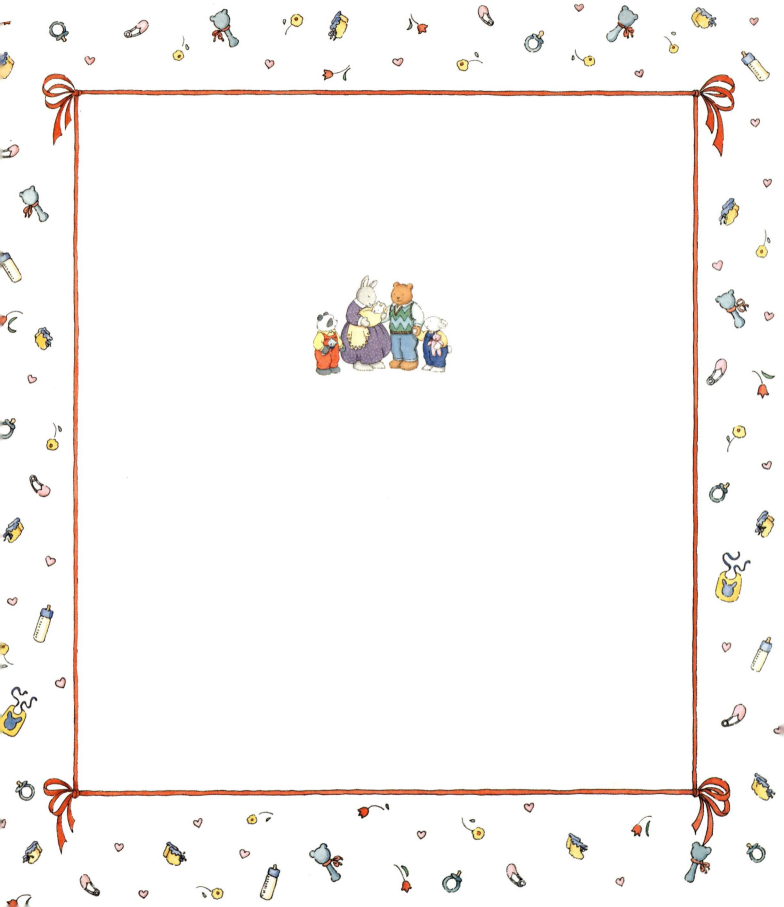

Ein Tagebuch für Eltern und Kind

Bären · Baby · Buch

Suzy-Jane Tanner

Mosaik Verlag

*Titel der englischen Originalausgabe Bunnies and Bears: Baby's First Year
First published by David Bennett Books Ltd., St. Albans, England.*

Übersetzung aus dem Englischen: Susanne Röckel

Der Mosaik Verlag ist ein Unternehmen der Verlagsgruppe Bertelsmann

*Original text copyright © 1993 David Bennett Books Ltd.
Illustrations copyright © 1993 Suzy-Jane Tanner
Alle Rechte der deutschsprachigen Ausgabe
© 1993 Mosaik Verlag GmbH, München / 5 4 3 2 1
Redaktion: Monika König
ISBN 3-576-10330-9
Printed in China*

Für _____

von _____

als Erinnerung an die aufregenden ersten Tage,
die schönen Erlebnisse, spannenden Abenteuer und Entdeckungen
Deines ersten Lebensjahres.

Alles über mich

Ich wurde geboren am _____

um _____ Uhr in _____

im _____-Krankenhaus.

Meine Augen waren _____   Mein Haar war _____

Mein Gewicht betrug _____

Ich war _____ cm lang.

Alle sagten, ich würde aussehen wie _____

Meine Eltern beschlossen, mir den Namen _____
_____ zu geben.

Beinahe hätte ich _____ oder _____

oder _____ geheißen.

Mein erster Spitzname war _____

Mein Sternzeichen ist _____

Meine Hebamme hieß _____

Mein erstes Foto

hier einkleben

Meine erste Haarlocke

hier einkleben

Mein Namensschild

hier einkleben

Fotos hier einkleben

Geburtsanzeige

hier einkleben

Geburtsurkunde

hier einkleben

Meine ersten Besucher

_____
_____
_____
_____
_____
_____

Jeder Besucher bitte hier unterschreiben

Und das bekam ich alles geschenkt

Die Welt bei meiner Geburt

ein paar Zeitungsartikel hier einkleben

ein paar Zeitungsartikel hier einkleben

Daheim

Ich kam heim in die _____

_____ -Straße Nr. _____

Ich wurde von _____ abgeholt

und von _____ und

_____ willkommen geheißen.

_____

_____

Fotos hier einkleben

Mein Zuhause

Fotos hier einkleben

Meine Wiege

Foto hier einkleben

Unterwegs

Ich wurde begleitet von _____

Wir gingen zu _____

Meine Reaktion war _____

_____

Mit dem Auto fuhr ich zum ersten Mal zu _____

Meine Reaktion war _____

_____

Mit Bus oder Straßenbahn fuhr ich zum ersten Mal zu _____

Meine Reaktion war _____

Mit dem _____ fuhr ich zum ersten Mal zu

Meine Reaktion war _____

Meine Taufe

Meine Taufe war am _____ in _____

Ich trug _____

Das Wetter war _____

Wir feierten in _____

Eingeladen waren_____

_____

_____

Meine Taufgeschenke

Meine Taufe

Fotos hier einkleben

Fotos hier einkleben

Große Momente

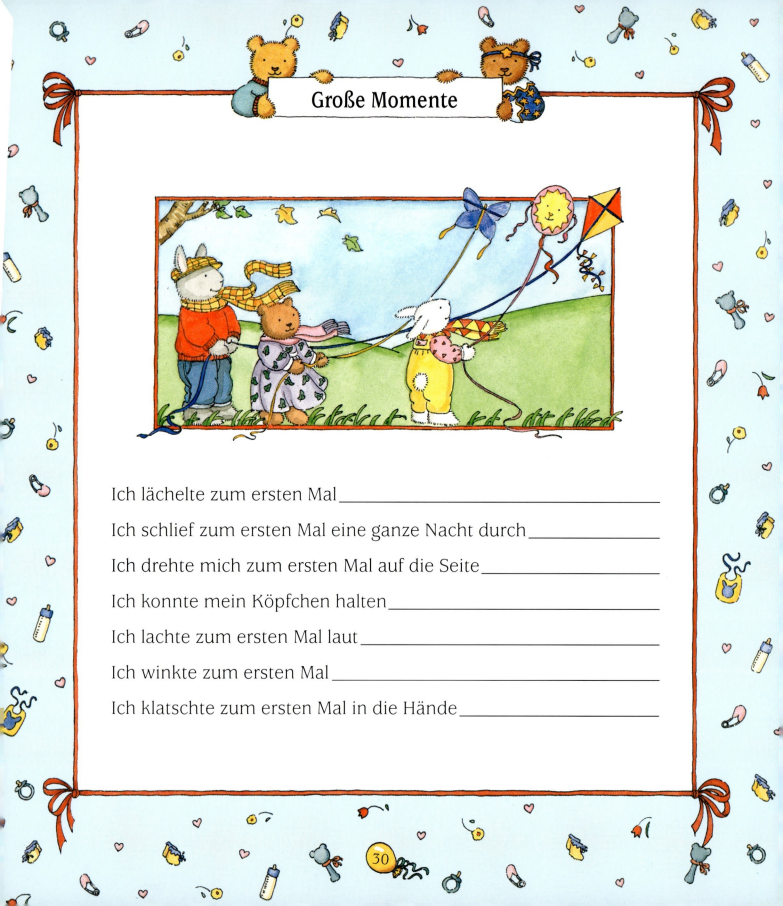

Ich lächelte zum ersten Mal _____

Ich schlief zum ersten Mal eine ganze Nacht durch _____

Ich drehte mich zum ersten Mal auf die Seite _____

Ich konnte mein Köpfchen halten _____

Ich lachte zum ersten Mal laut _____

Ich winkte zum ersten Mal _____

Ich klatschte zum ersten Mal in die Hände _____

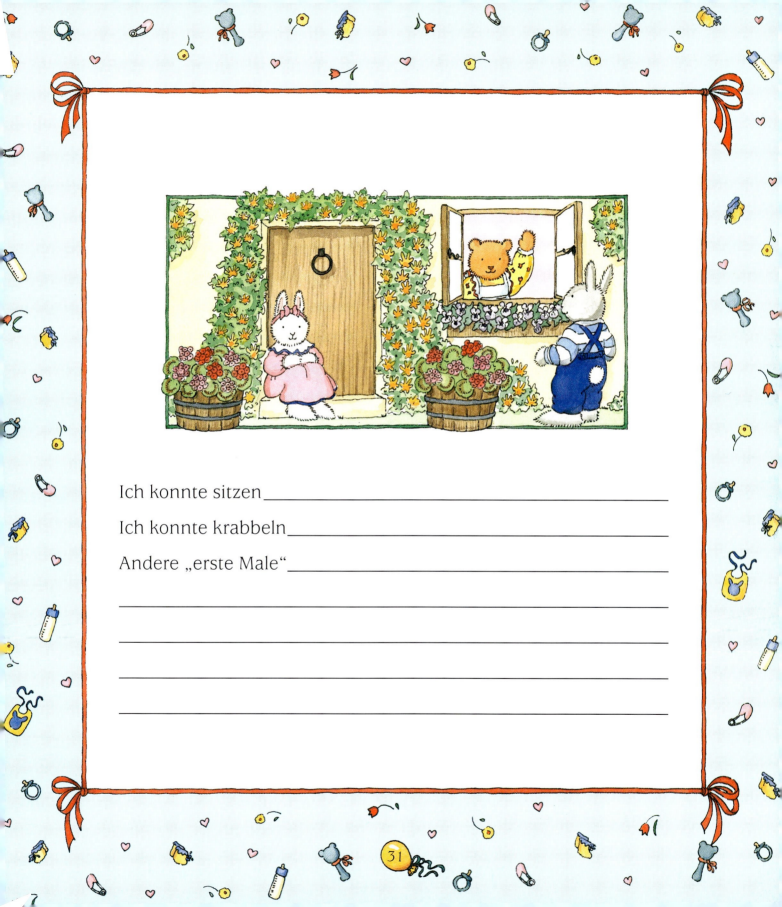

Ich konnte sitzen _____

Ich konnte krabbeln _____

Andere „erste Male" _____

_____

_____

_____

_____

Große Momente

Fotos hier einkleben

Fotos hier einkleben

Erste Schritte

Fotos hier einkleben

Fotos hier einkleben

Drinnen

Fotos hier einkleben

Draußen

Fotos hier einkleben

Was mir schmeckte

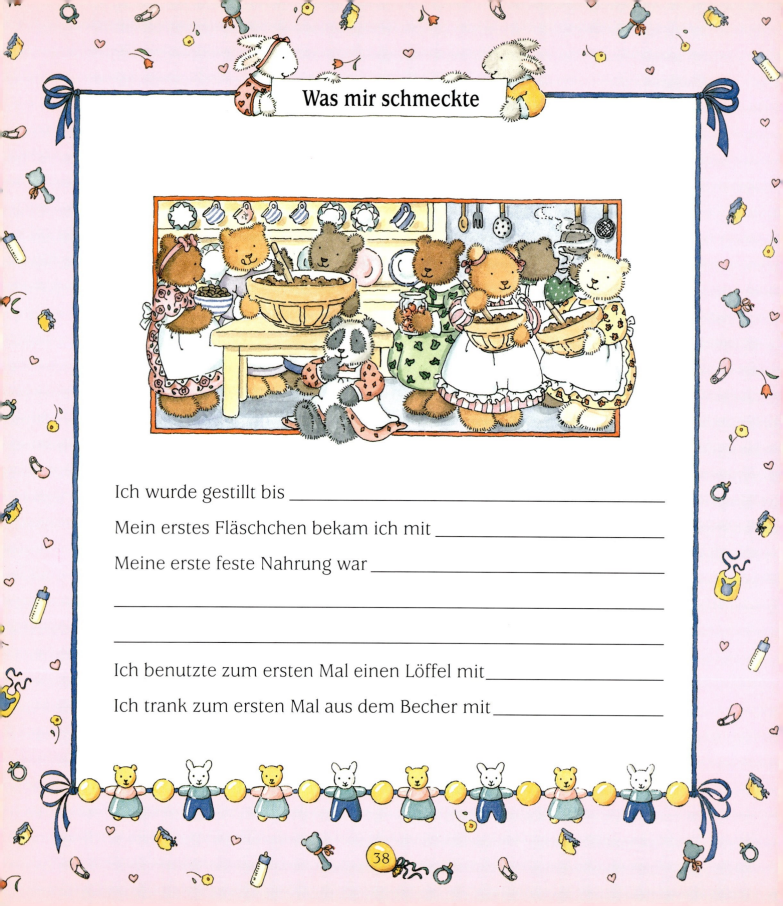

Ich wurde gestillt bis _____

Mein erstes Fläschchen bekam ich mit _____

Meine erste feste Nahrung war _____

_____

_____

Ich benutzte zum ersten Mal einen Löffel mit_____

Ich trank zum ersten Mal aus dem Becher mit_____

Fotos hier einkleben

Erste Zähnchen

Mein erster Zahn kam _____

Mein zweiter Zahn kam _____

Mein dritter Zahn kam _____

Wenn ich Zahnweh hatte, trösteten mich meine Eltern mit _____

_____

_____

_____

Fotos hier einkleben

Weihnachten

Bei meinem ersten Weihnachtsfest war ich _____ Monate alt.

Ich verbrachte es bei _____

mit _____

_____

Am tollsten fand ich _____

_____

Das Wetter an Weihnachten war _____

Das Christkind brachte mir

_____
_____
_____
_____
_____
_____
_____
_____
_____
_____
_____
_____

Meine ersten Weihnachtsbesuche

Wir besuchten _____

in _____

und _____

in _____

Uns besuchten _____

_____

und _____

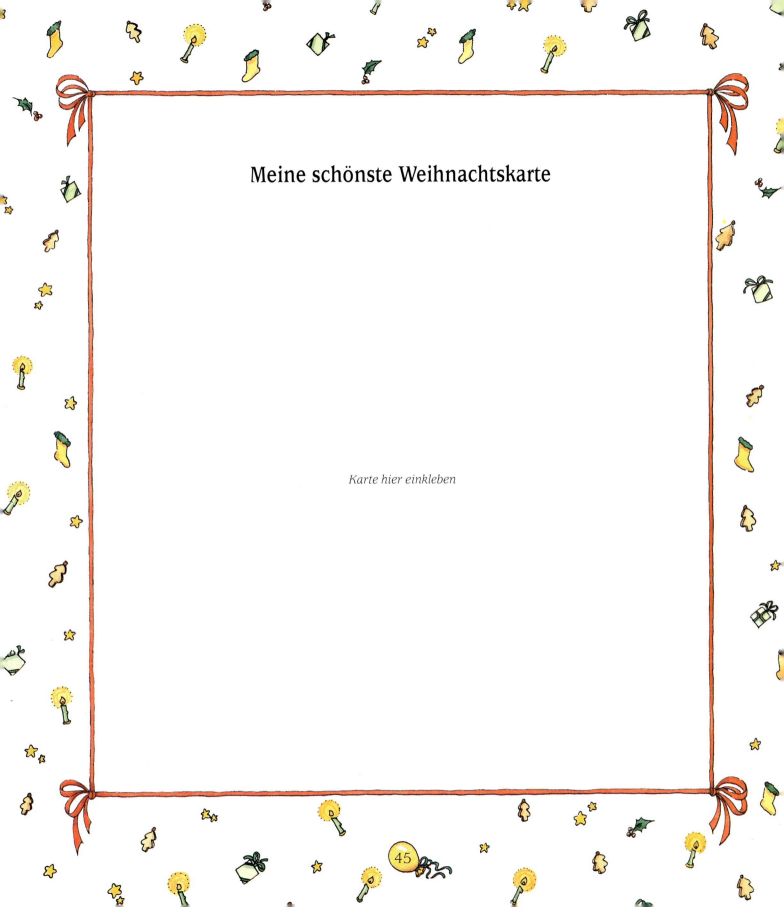

Meine schönste Weihnachtskarte

Karte hier einkleben

Weihnachten

Fotos hier einkleben

Fotos hier einkleben

Mein 1. Geburtstag

Mein Geburtstagskuchen _____

Mein Geburtstagsessen _____

_____

Meine Kleidung _____

_____

Mama und Papa schenkten mir_____

_____

Was mir am meisten Spaß machte

Was mir gar nicht gefiel

Mein 1. Geburtstag

Fotos hier einkleben

Fotos hier einkleben

Ferien

Meine ersten Ferien verbrachte ich in _____

_____

Wir wohnten _____

Ich entdeckte _____

_____

Ich mochte besonders _____

Ich mochte überhaupt nicht _____

Fotos hier einkleben

Peinliche Momente

Ereignisse, die meine Eltern lieber vergessen würden:

_____

_____

_____

_____

_____

_____

Ich wachse

So groß war meine Hand kurz nach meiner Geburt.

So groß war meine Hand, als ich ein Jahr alt war.

Umrisse meiner Hand hier einzeichnen

So groß war mein Fuß kurz nach meiner Geburt.

So groß war mein Fuß, als ich ein Jahr alt war.

Umrisse meines Fußes hier einzeichnen

Mein Gewicht

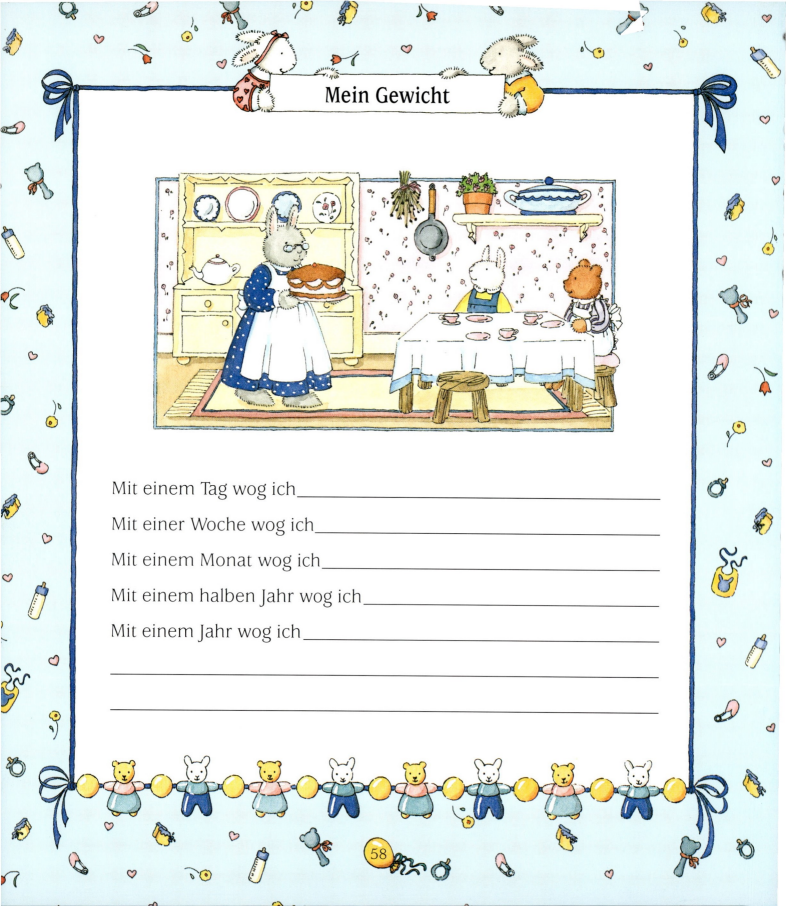

Mit einem Tag wog ich _____

Mit einer Woche wog ich _____

Mit einem Monat wog ich _____

Mit einem halben Jahr wog ich _____

Mit einem Jahr wog ich _____

_____

_____

Meine Größe

Mit einem Tag war ich _____cm groß.

Mit einer Woche war ich _____cm groß.

Mit einem Monat war ich _____cm groß.

Mit einem halben Jahr war ich _____cm groß.

Mit einem Jahr war ich _____cm groß.

_____

_____

Ich bin krank

An Krankheiten hatte ich _____
_____ mit _____ Monaten.

Am besten half mir _____
_____
_____

Mit _____ Monaten hatte ich _____
_____

Am besten half mir _____
_____
_____

Mit _____ Monaten hatte ich _____
_____

Am besten half mir _____
_____
_____

Ich spiele

Mein liebstes Schmusetier _____

_____

_____

_____

Mein liebstes Spielzeug _____

_____

_____

_____

Mein Lieblingslied _____

_____

_____

_____